1

ABC der Tiere

Schreiblehrgang

Druckschrift Teil A

Herausgegeben von
Klaus Kuhn

Erarbeitet von
Klaus Kuhn
Rosmarie Handt
Kerstin Mrowka-Nienstedt

Illustriert von
Heike Treiber

Name: ______________________________

Klasse: ______________________________

Mildenberger

Inhalt Teil A

Impressum

Bestell-Nr. 1402-32 · ISBN 978-3-619-14232-3

erarbeitet von Klaus Kuhn nach der Ausgabe „ABC der Tiere 1 · Schreiblehrgang Druckschrift" (1403-81) von Rosmarie Handt, Klaus Kuhn, Kerstin Mrowka-Nienstedt

Auflage 9 8 7 6
Jahr 2027 2026 2025 2024

www.mildenberger-verlag.de

E-Mail: info@mildenberger-verlag.de

Illustrationen: Heike Treiber, 79199 Kirchzarten
Ankerbilder: Ingrid Hecht, 30163 Hannover
Redaktion: Tobias Pfaff
Grafik: Mildenberger Verlag GmbH

Druck: B&K Offsetdruck GmbH, 77833 Ottersweier

Gedruckt auf umweltfreundlichen Papieren.

Wir sprechen in Silben, aber wir sehen Buchstaben. Wie kann das Erstlesekind in den Wörtern die Silben finden? Ganz einfach mit dem farbigen Silbentrenner. Dieser ist die entscheidende Lesehilfe. Kann das Kind flüssig lesen, gelingt der Umstieg auf einfarbige Texte problemlos. Und das Beste: Der farbige Silbentrenner hilft auch bei der Rechtschreibung. Die farbigen Silben zeigen die Sprechsilben eines Wortes an. In den allermeisten Fällen ist das identisch mit der möglichen Worttrennung.
Aber bei der Trennung einzelner Vokale (a, e, i, o, u; z. B. E-va, O-fen, Ra-di-o) gibt es einen Unterschied: Nach der aktuellen Rechtschreibung werden diese am Zeilenende nicht abgetrennt. Sie haben aber mehrere Sprechsilben und werden deshalb hier mit zwei Farben gekennzeichnet: Eva, Ofen, Radio.

www.ABC-der-Tiere.de

Zum Lehrgang gehören

Materialien für Schülerinnen und Schüler	Bestell-Nr.
Lesen in Silben (Silbenfibel®), Schreibtabelle	1402-30
Arbeitsheft Teil A und B, 2 Beilagen, CD-ROM	1402-31
Schreiblehrgang Teil A und B, Druckschrift, Schreibtabelle	1402-32
Schreiblehrgang VA, Schreibtabelle	1402-33

Materialien für Lehrerinnen und Lehrer	
Handbuch	1402-34
Musik-CD	1403-80
Folien zu den Arbeitsheften	1402-35

Inhalt Teil B

Die Symbole bedeuten

Schreibe in das Arbeitsheft.

Male in das Arbeitsheft.

Verbinde Silben, Wörter und Bilder.

Spure nach und schreibe mit zwei Farben.

Schreibe mit der Schreibtabelle.*

Klassengespräch

Ich – Du – Wir

Über Lernen sprechen

* Je nach Platzbedarf und Leistungsstand in den Schreiblehrgang oder das Schreibheft

Richtige Sitz- und Schreibhaltung

Sitzhaltung

Die Oberschenkel sollen waagrecht aufliegen, die Unterschenkel senkrecht stehen. Das Kind rückt mit dem Stuhl an den Tisch. Die Unterarme liegen auf der Tischplatte auf. Der Augenabstand zur Schreibfläche soll eine doppelte Handspanne betragen.

Linkshänder

Rechtshänderin

Schreibhaltung

Das Schreibgerät wird locker gefasst und zwischen Daumen, Mittelfinger und Zeigefinger gehalten. Für das Schreiben mit zwei Farben können der Wendestift oder zwei separate Stifte mit unterschiedlichen Farben eingesetzt werden.

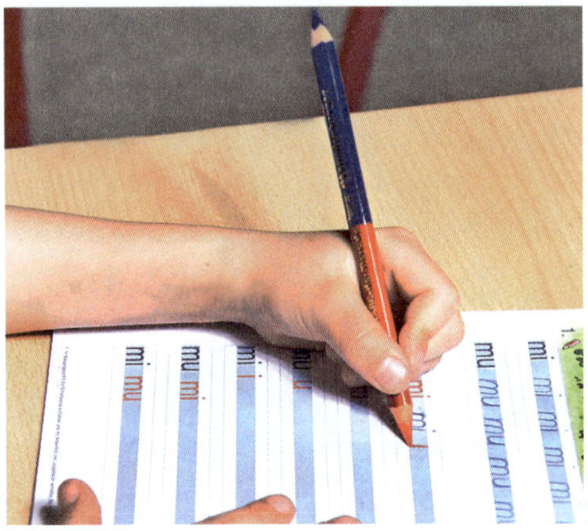

Linkshänder

Rechtshänderin

Ausrichtung des Schreibheftes

Rechtshändige Kinder legen das Schreibheft nach rechts ansteigend auf die Schreibunterlage. Linkshändige Kinder legen es nach rechts abfallend auf die Schreibunterlage. In beiden Fällen ist darauf zu achten, dass das Heft langsam nach oben geschoben wird, damit der Unterarm beim Schreiben der unteren Zeilen genügend Stützfläche hat.

Linkshänder

Rechtshänderin

Vorübungen

1.

2.

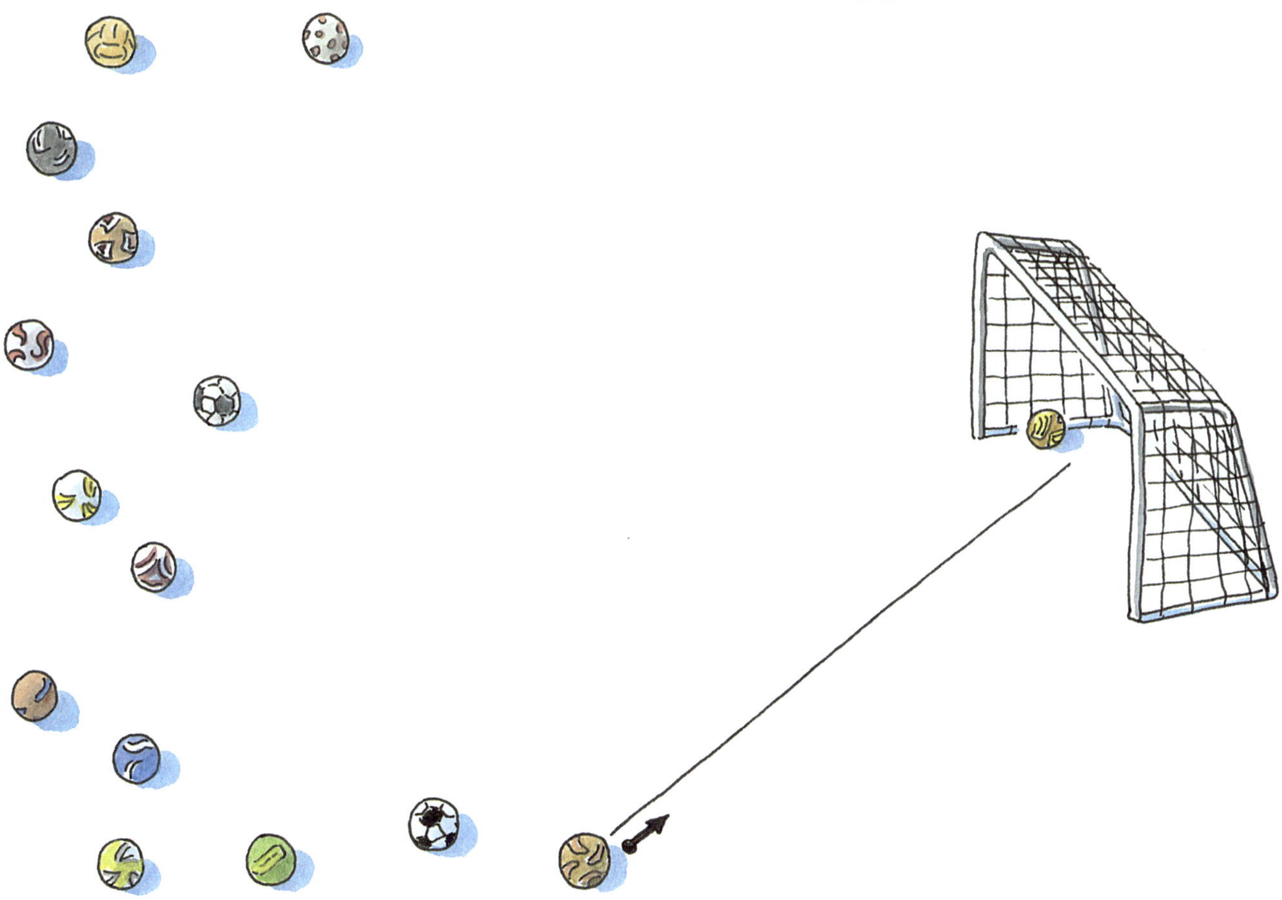

1. Gerade Strichführung von oben nach unten synchron zu „Ab“
2. Gerade Strichführung von links nach rechts synchron zu „Schuss“

Vorübungen

1.

2.

1. Kreisförmige Strichführung links herum synchron zu „Hexensuppe“
2. Kreisförmige Strichführung rechts herum synchron zu „Räder rollen“

Vorübungen

1.

2.

1. und 2. Arkaden synchron zu „hopp, hopp, hopp“

Vorübungen

1.

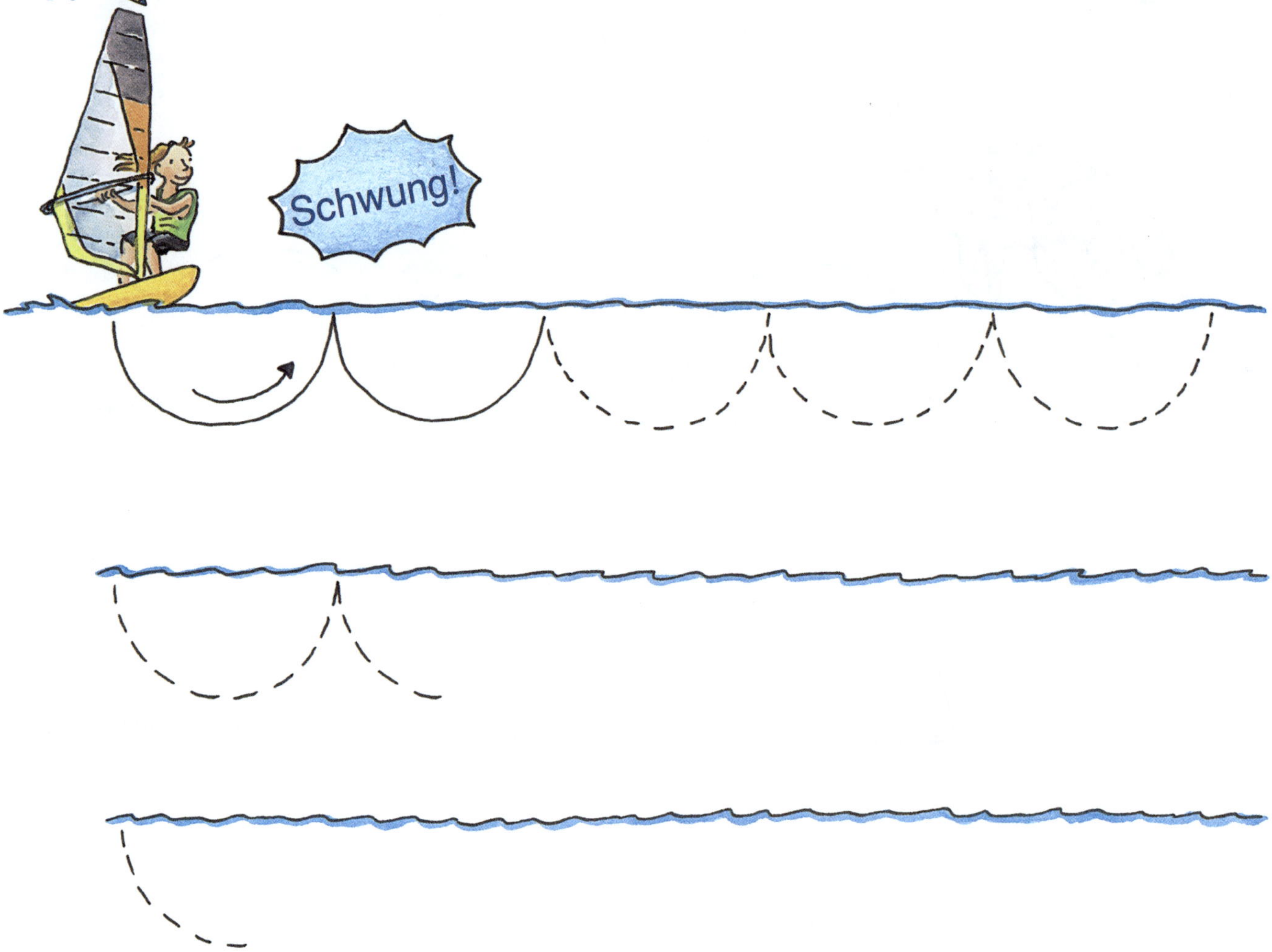

2.

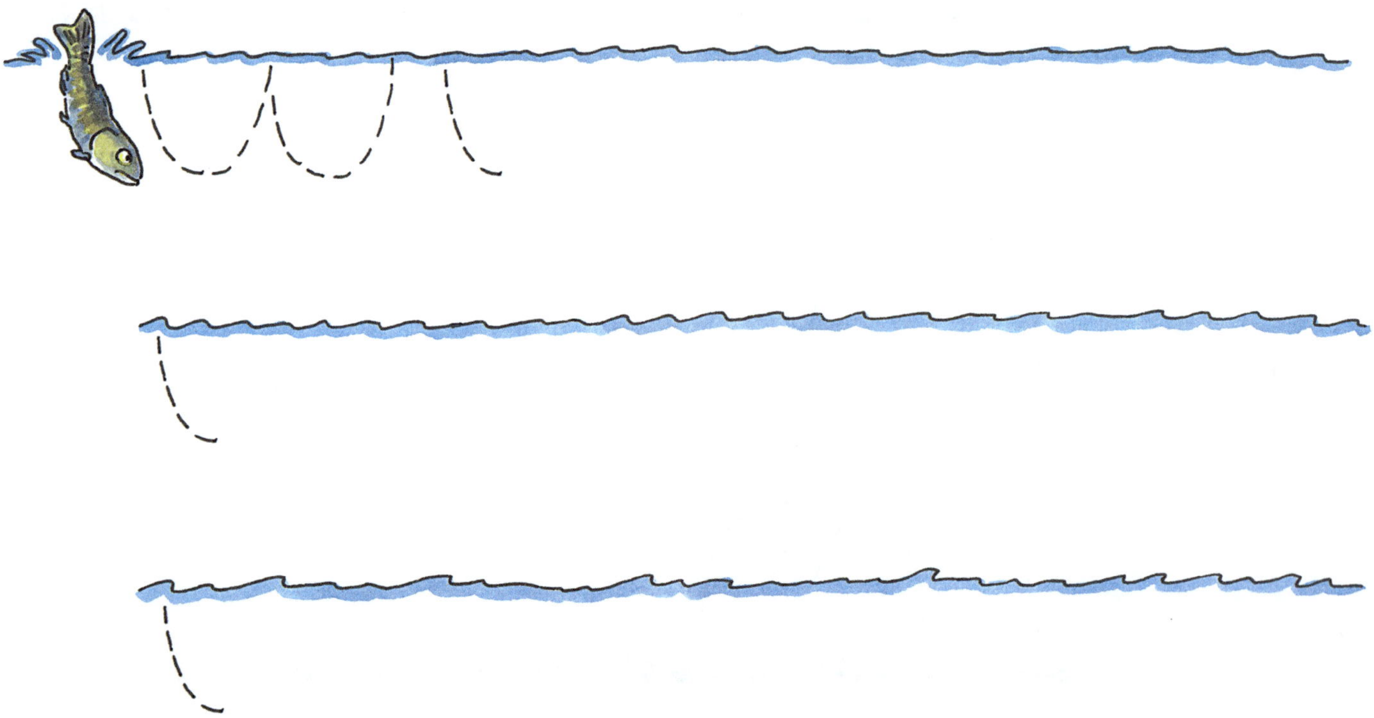

1. und 2. Girlanden synchron zu „Schwung!“

Vorübungen

1.

2.

1. und 2. Die Schleifen der Biene und des Dampfers weiterführen synchron zu „Summ“ bzw. „Dampf“

Vorübungen

1.

2.

1. Girlanden und Arkaden nachspuren und zeichnen
2. Die Reihen mit Dreierbögen fortsetzen

1. –

MMMMMM . . . M

mmmmm . . . . . m

2.

M M

m m

1. Im Klassengespräch die Schreibweise mit den Einspurbuchstaben einführen und mit Ankerbild und Lautgebärde vertiefen; Die Phasen der Schreibbewegung durch Mitsprechen unterstützen: M = zick – zack – zick – zack, m = 1 – 2 – 3; Große und kleine Buchstaben nachspuren und fortsetzen
2. Die Reihen fortsetzen

zu S. 8 – 11

1.

u u u u u u u u u u u u u u

u u u u u u . . . . u

2.

mu mu

Mu Mu

3.

Mu Mu

Mu Mu

1. Im Klassengespräch die Schreibweise mit dem Einspurbuchstaben einführen und mit Ankerbild und Lautgebärde vertiefen;
   Die Phasen der Schreibbewegung durch Mitsprechen unterstützen: u = Schwung – ab;
   Buchstaben nachspuren und fortsetzen
2. Die Reihen fortsetzen
3. Bildwort silbieren, Silbe heraushören, nachspuren und die Reihen fortsetzen (Muschel, Musik)

1.

2.

mi mi

Mi Mi

3.

Mimi Mimi

Mimi Mimi

1. Im Klassengespräch die Schreibweise mit dem Einspurbuchstaben einführen und mit Ankerbild und Lautgebärde vertiefen; Buchstaben nachspuren; Die Phasen der Schreibbewegung durch Mitsprechen unterstützen: i = ab – Pünktchen; Buchstaben nachspuren und fortsetzen
2. Die Reihen fortsetzen
3. Die Reihen fortsetzen, nachspuren und abwechselnd mit zwei Farben schreiben

1.

mi mi

mu mu

2.

mu mi mu mi

mi mu mi mu

mu u mu u

mi i mi i

mu mi mu mi

mi mu mi mu

1. Die Reihen fortsetzen
2. Die Reihen nachspuren und fortsetzen

1.

o o o o o o o o o o o o o

o o o o o · · · · · · · o

2.

mo mo

Mo Mo

3.

Momo Momo

Momo Momo

1. Im Klassengespräch die Schreibweise mit dem Einspurbuchstaben einführen und mit Ankerbild und Lautgebärde vertiefen; Buchstaben nachspuren; Die Phasen der Schreibbewegung durch Mitsprechen unterstützen: o = links herum; Buchstaben nachspuren und fortsetzen
2. Die Reihen fortsetzen
3. Die Reihen fortsetzen, nachspuren und abwechselnd mit zwei Farben schreiben

1.

mo o mo o

Mo o Mo o

2.

Mo Mo

mo mo

mo mo

3.

Mimi Mimi

Momo Momo

Mio Mio

1. Die Reihen fortsetzen
2. Bildwort silbieren, Silbe heraushören, nachspuren und die Reihen fortsetzen (Motorrad, Lokomotive, Limo)
3. Namen nachspuren, fortsetzen und abwechselnd mit zwei Farben schreiben

1. –

a a a a a a a a a a a a a a

a a a a a a a · · · · · · · a

2.

Ma Ma

ma ma

3.

Mama Mama

Mami Mami

Mia Mia

1. Im Klassengespräch die Schreibweise mit dem Einspurbuchstaben einführen und mit Ankerbild und Lautgebärde vertiefen; Die Phasen der Schreibbewegung durch Mitsprechen unterstützen: a = links herum – ab; Buchstaben nachspuren und fortsetzen
2. Die Reihen fortsetzen
3. Die Reihen fortsetzen und abwechselnd mit zwei Farben schreiben

1.

Mama Mama

Momo Momo

Mia Mia

Mio Mio

Mimi Mimi

2.

Ma Ma

ma ma

3.

1. Namen: die Beispiele nachspuren, abwechselnd mit zwei Farben schreiben und die Reihen fortsetzen
2. Bildwort silbieren, Silbe heraushören, nachspuren und die Reihen fortsetzen (Maler, Lama)
3. Mit der Schreibtabelle lautgetreue Wörter schreiben: oɯı˥

1.

am am

im im

am im am im

2.

am im

Mia im

1. Die Reihen fortsetzen und nachspuren
2. Wort-Bild-Texte: das Beispiel nachspuren, fehlende Wörter ergänzen und mit zwei Farben schreiben: Mama/am, Mio/am, Mimi/im

1.

e e e e e e e e e e e e e e

e e e e e e · · · · · · e

2.

me me

Me Me

Memo Memo

3.

Me Me

me me

1. Im Klassengespräch die Schreibweise mit dem Einspurbuchstaben einführen und mit Ankerbild und Lautgebärde vertiefen;
Die Phasen der Schreibbewegung durch Mitsprechen unterstützen: e = rüber – links herum;
Buchstaben nachspuren und fortsetzen
2. Die Reihen fortsetzen und mit zwei Farben schreiben
3. Bildwort silbieren, Silbe heraushören, nachspuren und die Reihen fortsetzen (Melone, Kamele)

1.

me me

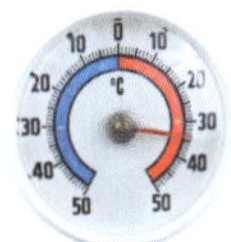

me me

Me Me

Me Me

2.

ma me mi mo mu

Ma Me Mi Mo Mu

3.

1. Bildwort silbieren, Silbe heraushören, nachspuren und die Reihen fortsetzen (Marmelade, Thermometer, Medizin, Memory)
2. Silbenreihen nachspuren
3. Mit der Schreibtabelle lautgetreue Wörter schreiben: Tomate

1.

 Mimi Mimi

 Momo Momo

 Memo Memo

 Mama Mama

 Mio Mio

2.

am im

 Mimi ist am .

 ist .

 ist .

 ist .

1. Namen: die Beispiele nachspuren, mit zwei Farben schreiben und die Reihen fortsetzen
2. Wort-Bild-Sätze: das Beispiel nachspuren, fehlende Wörter ergänzen und mit zwei Farben schreiben: Mio/am, Memo/am, Mama/im

1. 

L L L L L L L

l l l l l l l l l l l l l

2.

L l L l

3.

Lama Lama

Limo Limo

lila lila

Lilo Lilo

1. Im Klassengespräch die Schreibweise mit den Einspurbuchstaben einführen und mit Ankerbild und Lautgebärde vertiefen; Buchstaben nachspuren; Die Phasen der Schreibbewegung durch Mitsprechen unterstützen: L = runter – rüber, l = runter; Buchstaben nachspuren und fortsetzen
2. Die Reihe fortsetzen
3. Die Reihen fortsetzen und mit zwei Farben schreiben

1.

la le

La

2.

Lu Lu

La La

Le Le

Li Li

Lo Lo

La La

1. Silbenreihen nachspuren und fortsetzen
2. Bildwort silbieren, Silbe heraushören, nachspuren und die Reihen fortsetzen (Lupe, Laterne, Leopard, Libelle, Lose, Lawine)

1. 

lila lila

Muli Muli

Leo Leo

2. 

am im

Lilo ist am 

.

 ist  .

 ist  .

 ist  .

3. 

1. Wörter: die Reihen fortsetzen und mit zwei Farben schreiben
2. Wort-Bild-Sätze: das Beispiel nachspuren, fehlende Wörter ergänzen und mit zwei Farben schreiben: Mama/am, Lama/im, Limo/im
3. Mit der Schreibtabelle lautgetreue Wörter schreiben: Melone, Lineal

1.

A A A A A . . . . A

2.

A A

3.

E E E E E E . . . . . E

4.

E E

1. Im Klassengespräch die Schreibweise einführen, Buchstaben nachspuren und fortsetzen; A = rauf – runter – Sprung – rüber
2. Bildwort silbieren, Silbe heraushören und die Reihe fortsetzen (Ameise)
3. Im Klassengespräch die Schreibweise einführen, Buchstaben nachspuren und fortsetzen; E = runter – rüber – Sprung – rüber – Sprung – rüber
4. Bildwort silbieren, Silbe heraushören und die Reihe fortsetzen (Elefant)

1.

2.

3.

4.

1. Im Klassengespräch die Schreibweise einführen, Buchstaben nachspuren und fortsetzen; I = runter
2. Bildwort silbieren, Silbe heraushören und die Reihe fortsetzen (Igel)
3. Im Klassengespräch die Schreibweise einführen, Buchstaben nachspuren und fortsetzen; O = links herum
4. Bildwort silbieren, Silbe heraushören und die Reihe fortsetzen (Orang-Utan)

1.

U U U U U U

2.

U U

3.

Ali Ali

Emu Emu

Imo Imo

Oma Oma

Uli Uli

1. Im Klassengespräch die Schreibweise einführen, Buchstaben nachspuren und fortsetzen; U = Schwung
2. Bildwort silbieren, Silbe heraushören und die Reihe fortsetzen (Uhu)
3. Die Reihen fortsetzen und mit zwei Farben schreiben

zu S. 22, 23

1.

T T T T T . . . . . T

t t t t t t t t . . . . . . t

2.

T t T t

3.

Tila Tila

Toto Toto

Timo Timo

Tomate Tomate

1. Im Klassengespräch die Schreibweise mit den Einspurbuchstaben einführen und mit Ankerbild und Lautgebärde vertiefen;
Die Phasen der Schreibbewegung durch Mitsprechen unterstützen: T, t = runter – Sprung – rüber;
Buchstaben nachspuren und fortsetzen
2. Die Reihe fortsetzen
3. Die Reihen fortsetzen und mit zwei Farben schreiben

1.

ta te

Ta

2.

Ta Ta

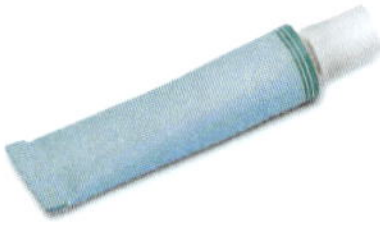

Tu Tu

Ti Ti

Ta Ta

Te Te

Ti Ti

1. Silbenreihen nachspuren und fortsetzen
2. Bildwort silbieren, Silbe heraushören, nachspuren und die Reihen fortsetzen (Tafel, Tube, Tipi, Tasche, Telefon, Tiger)

1\.

am im

Tila ist  .

Timo ist  .

2\.

Lili malt  .

Mia malt  .

3\. –

 Tomate Tomate

1. Wort-Bild-Sätze: das Beispiel nachspuren, fehlende Wörter ergänzen und mit zwei Farben schreiben: Tila/im, Timo/am
2. Wort-Bild-Sätze: das Beispiel nachspuren, fehlende Wörter ergänzen und mit zwei Farben schreiben: Lili/Timo, Mia/Tila
3. Tomate selbst mit zwei Farben schreiben und mit einem Partner darüber sprechen

1. –

R R R R R R

r r r r r r r r r r

2.

R r Rr

3.

Ria Ria

rate rate

rote rote

Rita Rita

1. Im Klassengespräch die Schreibweise mit den Einspurbuchstaben einführen und mit Ankerbild und Lautgebärde vertiefen; Die Phasen der Schreibbewegung durch Mitsprechen unterstützen: R = runter – Sprung – rechts herum – runter, r = runter – rauf; Buchstaben nachspuren und fortsetzen
2. Die Reihe fortsetzen
3. Die Reihen fortsetzen und mit zwei Farben schreiben

1.

ra re

Ra

2.

Ro Ro

Ra Ra

Re Re

3.

am im

Ria ist  .

ist  .

1. Silbenreihen nachspuren und fortsetzen
2. Bildwort silbieren, Silbe heraushören, nachspuren und die Reihen fortsetzen (Roboter, Raketen, Regal)
3. Wort-Bild-Sätze: das Beispiel nachspuren, fehlende Wörter ergänzen und mit zwei Farben schreiben: Ria/im, Oma/am

Wörter mit R r

1. –

Radio

2.

3.

1. Ich: Bildwörter malen, Wörter mit der Schreibtabelle schreiben
2. Du: In Partnerarbeit die Wörter kontrollieren und zwei auswählen
3. Wir: In der Klasse die Wörter präsentieren, vergleichen und bewerten

zu S. 26, 27

1. –

S S S S S S

s s s s s s s s s

2.

S s S s

3.

Lisa Lisa

Susi Susi

Rose Rose

Silo Silo

1. Im Klassengespräch die Schreibweise mit den Einspurbuchstaben einführen und mit Ankerbild und Lautgebärde vertiefen; Die Phasen der Schreibbewegung durch Mitsprechen unterstützen: S, s = links herum – rechts herum; Buchstaben nachspuren und fortsetzen
2. Die Reihe fortsetzen
3. Die Reihen fortsetzen und mit zwei Farben schreiben

1.

sa se

Sa

2.

sa sa

se se

So So

Se Se

Sa Sa

3.

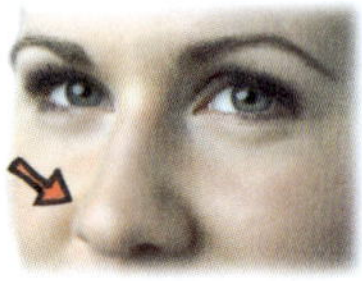

1. Silbenreihen nachspuren und fortsetzen
2. Bildwort silbieren, Silbe heraushören, nachspuren und die Reihen fortsetzen (rosa, Hose, Sofa, Segelboot, Saxofon)
3. Mit der Schreibtabelle lautgerechte Wörter schreiben: Nase

1.

Sara Sara

Susi Susi

Lisa Lisa

Salami Salami

2.

Susi mag Tomate.

Lisa mag

Sara mag

1. Nomen: die Reihen fortsetzen und mit zwei Farben schreiben
2. Sätze: die Beispiele nachspuren, fehlende Wörter ergänzen und mit zwei Farben schreiben

1.

W W W W W W

w w w w w w

2.

W w W w

3.

Wito Wito

Wale Wale

wo wo

was was

1. Im Klassengespräch die Schreibweise mit den Einspurbuchstaben einführen und mit Ankerbild und Lautgebärde vertiefen; Buchstaben nachspuren; Die Phasen der Schreibbewegung durch Mitsprechen unterstützen: W, w = zick – zack – zick – zack; Buchstaben nachspuren und fortsetzen
2. Die Reihe fortsetzen
3. Die Reihen fortsetzen und mit zwei Farben schreiben

1.

wa we

Wa

2.

Wi Wi

Wa Wa

wi wi

we we

wa wa

3.

1. Silbenreihen nachspuren und fortsetzen
2. Bildwort silbieren, Silbe heraushören, nachspuren und die Reihen fortsetzen (Wikinger, Wagen, Lawine, Löwe, Karawane)
3. Mit der Schreibtabelle lautgerechte Wörter schreiben: Wolke

1.

Wo ist Uwe ?

Wo ?

?

?

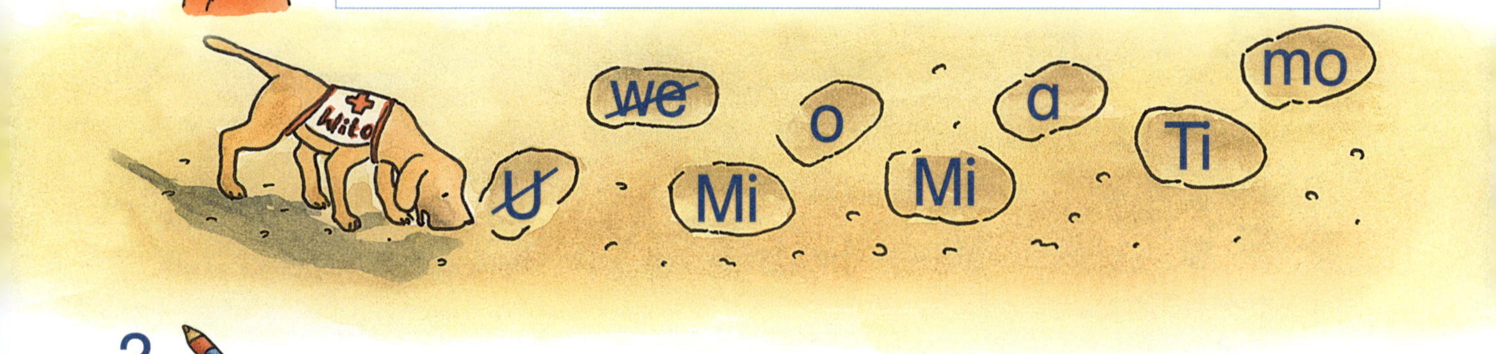

2.

Wale Wale

Uwe Uwe

Wito Wito

3. 

1. Fragen nachspuren und mit zwei Farben schreiben: Wo ist Uwe/Mio/Mia/Timo?
2. Nomen: die Reihen fortsetzen und mit zwei Farben schreiben
3. Sich mit einem Partner über die Ausführung von Aufgabe 2 unterhalten

zu S. 30, 31

1. –

D D D D D . . . D

d d d d d d . . . . . d

2.

D d D d

du du

da da

Dame Dame

Dose Dose

1. Im Klassengespräch die Schreibweise mit den Einspurbuchstaben einführen und mit Ankerbild und Lautgebärde vertiefen;
   Die Phasen der Schreibbewegung durch Mitsprechen unterstützen: D = runter – Sprung – rechts herum, d = links herum – auf – ab;
   Buchstaben nachspuren und fortsetzen
2. Die Reihen fortsetzen und mit zwei Farben schreiben

1. 

Da Da

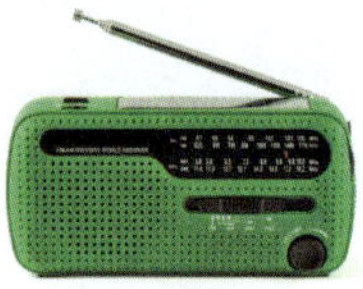

di di

Di Di

Del Del

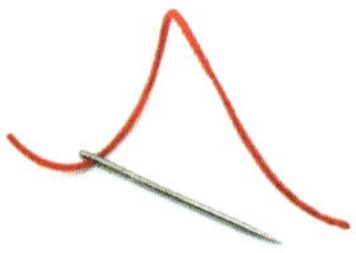

del del

de de

del del

Do Do

2. 

1. Bildwort silbieren, Silbe heraushören, nachspuren und die Reihen fortsetzen (Dackel, Radio, Dino, Delfin, Nadel, Wunde, Pudel, Domino)
2. Mit der Schreibtabelle lautgerechte Wörter schreiben: Delfin

1.

Dame Dame

Dose Dose

Doris Doris

Delia Delia

2.

das das

der der

3.

der 

1. Nomen: nachspuren, die Reihen fortsetzen und mit zwei Farben schreiben
2. Artikel: die Reihen fortsetzen
3. Artikel: das Beispiel nachspuren, fehlende Artikel ergänzen: der/Igel, das/Haus, der/Dudelsack, das/Kind, der/Hahn, der/Eingang

1. –

N N N N N N . . . N

n n n n n n n . . . . . n

2.

N n N n

Nina Nina

Nena Nena

Name Name

und und

1. Im Klassengespräch die Schreibweise mit den Einspurbuchstaben einführen und mit Ankerbild und Lautgebärde vertiefen; Die Phasen der Schreibbewegung durch Mitsprechen unterstützen: N = zick – zack – rauf, n = 1 – 2; Buchstaben nachspuren und fortsetzen
2. Die Reihen fortsetzen und mit zwei Farben schreiben

N n 

1.

na ne

Na

2.

Winter Winter

Rinde Rinde

Noten Noten

Mantel Mantel

Wunde Wunde

Ananas Ananas

3.

1. Silbenreihen nachspuren und fortsetzen
2. Die Reihen fortsetzen, nachspuren und mit zwei Farben schreiben
3. Mit der Schreibtabelle lautgerechte Wörter schreiben: ǝuɐuɐq

1.

S / T > onne

Sonne

T

T < i / a > nte

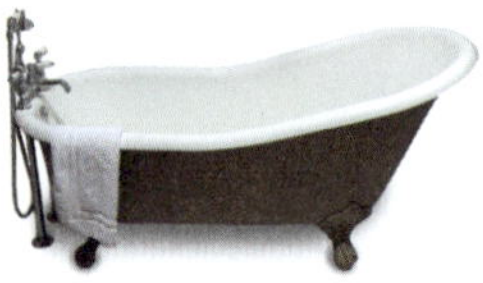

T / W > anne

2.

lesen lesen

malen malen

raten raten

rennen rennen

1. Nomen mit zwei Farben schreiben
2. Verben: die Beispiele nachspuren, mit zwei Farben schreiben und die Reihen fortsetzen; Differenzierung: mit der Schreibtabelle Sätze ins Heft schreiben

zu S. 32, 33

1. Alle malen:

Nena	malt	rote Rosen.
Nina		den Esel.
Willi		das Lama.
Linus		Tannen.

2.

Nena malt Tannen.

1. Satzteile wie im Beispiel entsprechend des Bildes zu Sätzen verbinden
2. Sätze aus Aufgabe 1 mit zwei Farben schreiben

1.

Sch Sch Sch Sch

sch sch sch sch

2.

Sch sch Sch sch

Schule Schule

Schale Schale

1. Im Klassengespräch die Schreibweise mit den Einspurbuchstaben einführen und mit Ankerbild und Lautgebärde vertiefen;
Die Phasen der Schreibbewegung durch Mitsprechen unterstützen: S, s = links herum – rechts herum; c = links herum; h = runter – hopp;
Buchstaben nachspuren und fortsetzen
2. Die Reihen fortsetzen und mit zwei Farben schreiben

1.

2. Was essen wir ?

Wir essen

Wir

3. Was isst du ?

1. Mit der Schreibtabelle lautgerechte Wörter schreiben: Schafe, Fische
2. Sätze nach Beispiel mit zwei Farben schreiben, Beispiele nachspuren (Wir essen Melonen/Salami/Ananas/Salate)
3. Mit der Schreibtabelle Wörter oder Sätze schreiben

1. – Was wir tun:

Wir	waschen	Mandeln.
	duschen	alle Schalen.
	naschen	uns.

Wir waschen alle Schalen.

2. Was ist das?

 Das ist der Schalter. 

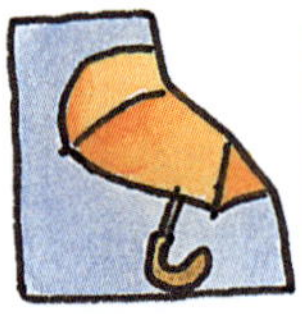 

1. Sätze: Satzteile verbinden, Sätze mit zwei Farben schreiben, Beispiel nachspuren
2. Sätze: zerschnittene Bilder erkennen, Sätze nach Beispiel mit zwei Farben schreiben, Beispiel nachspuren (Schalter, Schwan, Schirm, Schemel)

1.

Dusche

1. Nomen: Silben abstreichen, Bildwörter mit zwei Farben schreiben und Reihen fortsetzen

1. Das ist unser Schneemann.

Schale

SCHALENASEMUNDSCHALARMSCHIRM

2.

Lawinen	rollen	rot.
Mia und Mio	rasen	den Schnee.
Der Schal	ist	in das Tal.

Lawinen rasen in das Tal.

1. Wörter zuordnen, abstreichen und mit zwei Farben schreiben
2. Sätze: Satzteile verbinden, Sätze mit zwei Farben schreiben, Beispiel nachspuren

1.

Schlitten

2.

1. Nomen: Silben abstreichen, mit zwei Farben schreiben und Reihen fortsetzen
2. Verben: Silben abstreichen, mit zwei Farben schreiben und Reihen fortsetzen; Differenzierung: Sätze ins Heft schreiben

1.

Simon	rast	den Schnee.
Marina	rollen	los.
Mia und Mio	landet	im Schnee.

2.

Simon landet im Schnee.

3.

1. Satzteile wie im Beispiel entsprechend des Bildes zu Sätzen verbinden
2. Sätze aus Aufgabe 1 mit zwei Farben schreiben, Beispiel nachspuren
3. Sich mit einem Partner über die Ausführung von Aufgabe 2 unterhalten

1. –

Ei Ei Ei Ei Ei

ei ei ei ei ei ei

2.

Ei ei Ei ei

ein ein

Eis Eis

Eimer Eimer

1. Im Klassengespräch den Zwielaut mit Ankerbild und Lautgebärde einführen; Die Phasen der Schreibbewegung durch Mitsprechen unterstützen: E = runter – rüber – Sprung – rüber – Sprung – rüber, e = rüber – links herum, i = runter – Pünktchen; Buchstaben nachspuren und fortsetzen
2. Die Reihen fortsetzen und mit zwei Farben schreiben

Ei ei 

zu S. 42, 43

Wörter mit Ei ei

1. –

Eimer

2.

3.

1. Ich: Bildwörter malen, Wörter mit der Schreibtabelle schreiben
2. Du: In Partnerarbeit die Wörter kontrollieren und zwei auswählen
3. Wir: In der Klasse die Wörter präsentieren, vergleichen und bewerten

1.

1. Verben: Silben abstreichen, mit zwei Farben schreiben und Reihen fortsetzen; Differenzierung: mit der Schreibtabelle Sätze ins Heft schreiben

1.

K K K K K K . . . . K

k k k k k k k k . . . . . k

2.

K k K k

Karin Karin

Niki Niki

Kati Kati

Mirko Mirko

1. Im Klassengespräch die Schreibweise mit den Einspurbuchstaben einführen und mit Ankerbild und Lautgebärde vertiefen; Die Phasen der Schreibbewegung durch Mitsprechen unterstützen: K, k = runter – Sprung – zickzack; Buchstaben nachspuren und fortsetzen
2. Die Reihen fortsetzen und mit zwei Farben schreiben

1.

Kakadu Kakadu

Kamel Kamel

Kinder Kinder

Kiste Kiste

Kleider Kleider

Karten Karten

2.

krei

ku

klet

tern

schen

scheln

1. Nomen: die Beispiele nachspuren, die Reihen fortsetzen und mit zwei Farben schreiben
2. Verben: Silben abstreichen, mit zwei Farben schreiben und Reihen fortsetzen; Differenzierung: mit der Schreibtabelle Sätze ins Heft schreiben

1. –

ck ck ck ck · · · ck

2. –

ni
kna
le
schme
we
ti

cken

nicken

1. Im Klassengespräch den Doppelkonsonant (alias kk) mit den Einspurbuchstaben einführen;
Die Phasen der Schreibbewegung durch Mitsprechen unterstützen: c = links herum, k = runter – Sprung – zickzack;
Buchstaben nachspuren und fortsetzen
2. Verben: Silben verbinden, Beispiel nachspuren und mit zwei Farben schreiben

1.

Nacken Nacken

Rock Rock

dick dick

Wecker Wecker

Sack Sack

necken necken

2.

L
S
ocken

D
a
e
ckel

1. Beispiele nachspuren, mit zwei Farben schreiben und die Reihen fortsetzen
2. Nomen mit zwei Farben schreiben

B b

zu S. 46, 47

1.

B B B B B . . . B

b b b b b b b . . . . . b

2.

B b B b

Bruder Bruder

Abend Abend

bunt bunt

1. Im Klassengespräch die Schreibweise einführen und mit Ankerbild und Lautgebärde vertiefen; Die Phasen der Schreibbewegung durch Mitsprechen unterstützen: B = runter – Sprung – rechts herum – rechts herum, b = runter – rauf – rechts herum; Buchstaben nachspuren und fortsetzen
2. Die Reihen fortsetzen und mit zwei Farben schreiben

1.

 Brote

Brun Blu Bra But Brо Bril

ten te ter le nen me

2.

ba bla ba sen cken den

1. Nomen: Silben abstreichen, mit zwei Farben schreiben und Reihen fortsetzen
2. Verben: Silben abstreichen und mit zwei Farben schreiben; Differenzierung: mit der Schreibtabelle Sätze ins Heft schreiben

Mein tolles Wintererlebnis

Was hast du im Winter erlebt?

1. Ich: Ersten Entwurf der Wintergeschichte auf ein extra Blatt schreiben
2. Du: Mit Partner kontrollieren und endgültige Fassung ins Heft übertragen, Bild dazu malen und Überschrift schreiben
3. Wir: In der Klasse die Geschichten präsentieren, vergleichen und bewerten

ABC der Tiere 1
Schreiblehrgang
Druckschrift Teil B

Herausgegeben von
Klaus Kuhn

Erarbeitet von
Klaus Kuhn
Rosmarie Handt
Kerstin Mrowka-Nienstedt

Illustriert von
Heike Treiber

Name: ______________________

Klasse: ______________________

Mildenberger

Inhalt Teil A

Impressum

Bestell-Nr. 1402-32 · ISBN 978-3-619-14232-3

erarbeitet von Klaus Kuhn nach der Ausgabe „ABC der Tiere 1 · Schreiblehrgang Druckschrift“ (1403-81) von Rosmarie Handt, Klaus Kuhn, Kerstin Mrowka-Nienstedt

Auflage 9 8 7 6
Jahr 2027 2026 2025 2024

www.mildenberger-verlag.de

E-Mail: info@mildenberger-verlag.de

Illustrationen: Heike Treiber, 79199 Kirchzarten
Ankerbilder: Ingrid Hecht, 30163 Hannover
Redaktion: Tobias Pfaff
Grafik: Mildenberger Verlag GmbH

Druck: B&K Offsetdruck GmbH, 77833 Ottersweier

Gedruckt auf umweltfreundlichen Papieren.

Lesen lernen mit Silben

Wir sprechen in Silben, aber wir sehen Buchstaben. Wie kann das Erstlesekind in den Wörtern die Silben finden? Ganz einfach mit dem farbigen Silbentrenner. Dieser ist die entscheidende Lesehilfe. Kann das Kind flüssig lesen, gelingt der Umstieg auf einfarbige Texte problemlos. Und das Beste: Der farbige Silbentrenner hilft auch bei der Rechtschreibung. Die farbigen Silben zeigen die Sprechsilben eines Wortes an. In den allermeisten Fällen ist das identisch mit der möglichen Worttrennung.
Aber bei der Trennung einzelner Vokale (a, e, i, o, u; z. B. E-va, O-fen, Ra-di-o) gibt es einen Unterschied: Nach der aktuellen Rechtschreibung werden diese am Zeilenende nicht abgetrennt. Sie haben aber mehrere Sprechsilben und werden deshalb hier mit zwei Farben gekennzeichnet: Eva, Ofen, Radio.

www.ABC-der-Tiere.de

Zum Lehrgang gehören

Materialien für Schülerinnen und Schüler	Bestell-Nr.
Lesen in Silben (Silbenfibel®), Schreibtabelle	1402-30
Arbeitsheft Teil A und B, 2 Beilagen, CD-ROM	1402-31
Schreiblehrgang Teil A und B, Druckschrift, Schreibtabelle	1402-32
Schreiblehrgang VA, Schreibtabelle	1402-33
Materialien für Lehrerinnen und Lehrer	
Handbuch	1402-34
Musik-CD	1403-80
Folien zu den Arbeitsheften	1402-35

Inhalt Teil B

Die Symbole bedeuten

Schreibe in das Arbeitsheft.

Male in das Arbeitsheft.

Verbinde Silben, Wörter und Bilder.

Spure nach und schreibe mit zwei Farben.

Schreibe mit der Schreibtabelle.*

Klassengespräch

Ich – Du – Wir

Über Lernen sprechen

* Je nach Platzbedarf und Leistungsstand in den Schreiblehrgang oder das Schreibheft

Winterelfchen

Ein eigenes Winterelfchen schreiben

Schnee

landet leise

kalt und weiß

alle Kinder rollen Kugeln

Schneemann

1. Ich: Winterelfchen lesen, Winterwörter sammeln und auf ein extra Blatt schreiben
2. Du: Mit dem Partner austauschen und gemeinsam ein Elfchen schreiben und etwas dazu malen
3. Wir: Elfchen in der Klasse präsentieren, vergleichen und bewerten

1.

F F F F F F F . . . . F

f f f f f f f f f . . . . . . f

2.

F f F f

Faden Faden

Felle Felle

finden finden

fein fein

1. Im Klassengespräch die Schreibweise mit den Einspurbuchstaben einführen und mit Ankerbild und Lautgebärde vertiefen; Buchstaben nachspuren und fortsetzen
2. Die Reihen fortsetzen und mit zwei Farben schreiben

1.

Fische

1. Nomen: Silben abstreichen, mit zwei Farben schreiben und Reihen fortsetzen

zu S. 48, 49

1.

	leben	unter Fellen.
	essen	ein Fest.
Eskimos	fischen	am offenen Eis.
	schlafen	frische Fische.
	feiern	im Norden.

2.

Eskimos leben im Norden.

1. Satzteile wie im Beispiel entsprechend des Bildes zu Sätzen verbinden
2. Sätze aus Aufgabe 1 mit zwei Farben schreiben, Beispiel nachspuren

1.

2.

Au Au

au au

blau blau

schlau schlau

braun braun

laut laut

aus aus

1. Im Klassengespräch die Schreibweise des Zwielautes mit den Einspurbuchstaben einführen und mit Ankerbild und Lautgebärde vertiefen; Buchstaben nachspuren
2. Die Reihen fortsetzen

1. 

 Auto

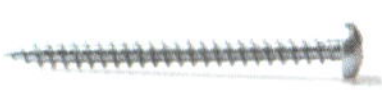

1. Nomen: Silben abstreichen, mit zwei Farben schreiben und Reihen fortsetzen

1.

~~Klaus~~ aus der Schule. ~~kommt~~

Klaus kommt

wartet im Auto. Sein Bruder

schreit laut. Klaus

blutet. Der Daumen

eine Binde Martin um den Daumen. wickelt

1. Purzelsätze ordnen, Satzteile abstreichen und mit zwei Farben schreiben

1. –

G G G G G . . . . G

g g g g g g g . . . . . g

2.

G g ... G g

gut ... gut

gelb ... gelb

grau ... grau

Aufgabe ... Aufgabe

Gans ... Gans

1. Im Klassengespräch die Schreibweise mit den Einspurbuchstaben einführen und mit Ankerbild und Lautgebärde vertiefen; Buchstaben nachspuren und fortsetzen
2. Die Reihen fortsetzen und mit zwei Farben schreiben

1. 

 Geister

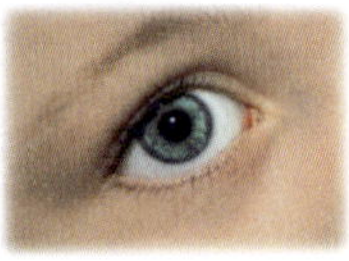

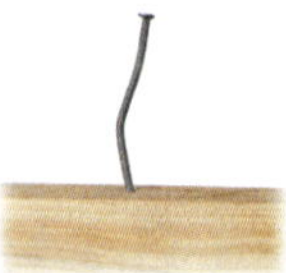

1. Nomen: Silben abstreichen, Wörter oder Sätze mit zwei Farben schreiben

1.

Gisela
Günter
Gabi
Papa
Mama

mag

eine Grillwurst.
kalte Limonade.
Gurke und Melone.
Kartoffeln.
gegrillte Tomaten.

2.

Gisela mag gegrillte Tomaten.

1. Satzteile wie im Beispiel entsprechend des Bildes zu Sätzen verbinden
2. Sätze aus Aufgabe 1 mit zwei Farben schreiben, Beispiel nachspuren

1.

2.

Riese Riese

Riese

Wiese

Biene

3.

1. Einführung des **ie**: Dem **i** folgt immer das stumme **e** im Doppelzimmer. Merksatz: „Hier ist das dünne **i** allein, das stumme **e** muss bei ihm sein.“
2. Bildwörter mit zwei Farben in Häuschen und Lineatur schreiben; Reihen fortsetzen
3. Sich mit einem Partner über die ie-Schreibung unterhalten

1.

Tiere

Wiege

sieben

liegen

lieben

1. Bildwörter mit zwei Farben in Häuschen und Lineatur schreiben; Reihen fortsetzen

1.

Dieter tief. schläft

Dieter

fliegen. kann Er

landet Er auf einer Wiese.

riesige Tiere. sind Dort

muss Dieter Da niesen.

1. Purzelsätze ordnen, Satzteile abstreichen und mit zwei Farben schreiben

zu S. 56, 57

1. –

P P P P P P . . . . . P

p p p p p p . . . . . . p

2.

P p P p

Papa Papa

Opa Opa

Puppe Puppe

Raupe Raupe

Papagei Papagei

1. Im Klassengespräch die Schreibweise mit den Einspurbuchstaben einführen und mit Ankerbild und Lautgebärde vertiefen; Buchstaben nachspuren und fortsetzen
2. Die Reihen fortsetzen und mit zwei Farben schreiben

Pf pf 

zu S. 56, 57

1.

Pf Pf

pf pf

2.

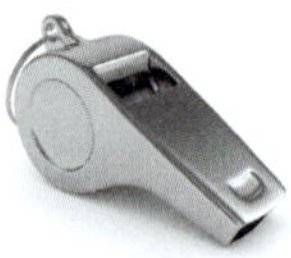

1. Im Klassengespräch die Schreibweise des Digraph mit Ankerbild vertiefen, die Reihen fortsetzen
2. Nomen: Silben abstreichen, Wörter mit zwei Farben schreiben und die Reihen fortsetzen

1.

Der Pannenhelfer		pfeifen.
Paula		knüpfen.
Papa	will	hüpfen.
Mama		köpfen.
Peter		klopfen.

2.

Der Pannenhelfer will klopfen.

1. Satzteile wie im Beispiel entsprechend des Bildes zu Sätzen verbinden
2. Sätze aus Aufgabe 1 mit zwei Farben schreiben, Beispiel nachspuren

zu S. 58, 59

1.

H H H H H H H . . . . . H

h h h h h h h h . . . . . . h

2.

H h H h

Hase Hase

Hose Hose

Himmel Himmel

Uhr Uhr

gehen gehen

1. Im Klassengespräch die Schreibweise mit den Einspurbuchstaben einführen und mit Ankerbild und Lautgebärde vertiefen; Buchstaben nachspuren und fortsetzen
2. Die Reihen fortsetzen und mit zwei Farben schreiben

zu S. 58, 59

1. –

Fuß

ß ß ß ß ß ß ß

ß . . . . . ß

2.

ß ß

groß groß

heiß heiß

weiß weiß

süß süß

Soße Soße

fleißig fleißig

Fuß Fuß

Gruß Gruß

1. Im Klassengespräch die Schreibweise mit dem Einspurbuchstaben einführen; Buchstaben nachspuren und fortsetzen
2. Die Reihen fortsetzen und mit zwei Farben schreiben

H h

zu S. 58, 59

1.

- Eine Henne legt
- Die Kinder finden
- Die Mutter holt
- Die Kinder malen
- Der Papa backt

- süße Ostereier.
- ein Osterlamm.
- fleißig Eier an.
- einen großen Korb.
- ein weißes Ei.

2.

Eine Henne legt ein weißes Ei.

3. Was hast du an Ostern erlebt?

1. Teilsätze wie im Beispiel entsprechend des Bildes zu Sätzen verbinden
2. Sätze aus Aufgabe 1 mit zwei Farben schreiben, Beispiel nachspuren
3. Eigene Texte ins Heft schreiben und ein Bild dazu malen.

1. –

2.

ch	ch
ich	ich
dich	dich
leicht	leicht
hoch	hoch
nicht	nicht
nach	nach
durch	durch
doch	doch

1. Im Klassengespräch die Schreibweise mit den Einspurbuchstaben einführen und mit Ankerbild und Lautgebärde vertiefen; Buchstaben nachspuren
2. Die Reihen fortsetzen

1.

Dach Dach

Buch Buch

Nacht Nacht

Krach Krach

Licht Licht

Woche Woche

rechnen rechnen

2. –

ma

brau

chen

su

1. Beispiele nachspuren, mit zwei Farben schreiben und die Reihen fortsetzen
2. Verben verbinden und mit zwei Farben schreiben

1.

in Indien. | ~~Tiger~~ | ~~leben~~

Tiger leben

haben | ein schönes Fell. | ~~Sie~~

Sie

Sie | durch das Dickicht. | schleichen

laut. | fauchen | Sie

aus. | Menschen | weichen | Tiger

1. Purzelsätze ordnen, Satzteile abstreichen und mit zwei Farben schreiben

1. –

2.

Ä ä Ä ä

Äpfel Äpfel

Ärmel Ärmel

Bär Bär

Käfer Käfer

Käfig Käfig

Säge Säge

Märchen Märchen

Mädchen Mädchen

1. Im Klassengespräch die Schreibweise mit der Fingerspur einführen und mit Ankerbild vertiefen; Buchstaben nachspuren
2. Die Reihen fortsetzen und mit zwei Farben schreiben

1. Simsalabim, aus 1 mach 2.

 Gans a → ä Gänse 

 Ball a → ä ______ 

 Mann a → ä ______ 

 Blatt a → ä ______ 

 Gras a → ä ______ 

 Apfel A → Ä ______ 

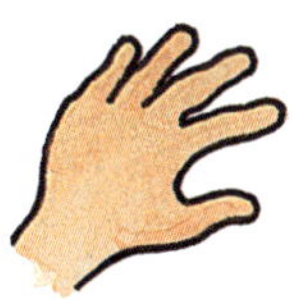 Hand a → ä ______ 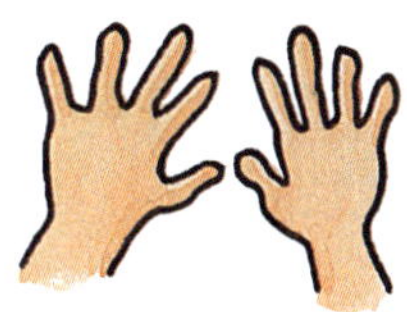

2.

1. Nomen nachspuren, Mehrzahl bilden und mit zwei Farben schreiben
2. Sich mit einem Partner über die ä-Schreibung unterhalten

1. Simsalabim, aus groß wird klein.

 Hase a → ä Häschen 

 Lamm a → ä ______ 

 Kalb a → ä ______ 

 Schaf a → ä ______ 

 Gans a → ä ______ 

2. Was macht Tom?

waschen a → ä Tom ______.

schlafen a → ä ______

tragen a → ä ______

1. Nomen nachspuren, Verkleinerungsform bilden und mit zwei Farben schreiben
2. Verben auswählen, abstreichen und Sätze schreiben.

1. 

St  st

2. 

St st St st

Storch Storch

Stern Stern

Stein Stein

Stunde Stunde

stehen stehen

starten starten

still still

1. Im Klassengespräch die Schreibweise mit der Fingerspur einführen und mit Ankerbild vertiefen; Buchstaben nachspuren
2. Die Reihen fortsetzen und mit zwei Farben schreiben

zu S. 66, 67

1.

2.

Sp sp Sp sp

Specht Specht

Sport Sport

Spiegel Spiegel

spielen spielen

sprechen sprechen

sparen sparen

1. Im Klassengespräch die Schreibweise mit den Einspurbuchstaben einführen und mit Ankerbild vertiefen; Buchstaben nachspuren
2. Die Reihen fortsetzen und mit zwei Farben schreiben

1.

2.

Ö ö Ö ö

Kröte Kröte

können können

hören hören

böse böse

3.

Das finde ich schön:

Das finde ich blöd:

1. Im Klassengespräch die Schreibweise mit den Einspurbuchstaben einführen und mit Ankerbild vertiefen; Buchstaben nachspuren
2. Die Reihen fortsetzen und mit zwei Farben schreiben
3. Wörter oder Sätze aufschreiben

zu S. 68, 69

1.

Z Z Z Z Z Z . . . . . Z

z z z z z z z z . . . . z

2.

Z z Z z

zwei zwei

zehn zehn

schwarz schwarz

Zeit Zeit

Salz Salz

Wurzel Wurzel

1. Im Klassengespräch die Schreibweise mit den Einspurbuchstaben einführen und mit Ankerbild und Lautgebärde vertiefen; Buchstaben nachspuren und fortsetzen
2. Die Reihen fortsetzen und mit zwei Farben schreiben

1.

Zoo

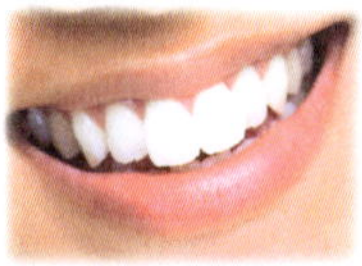

2. Mein Besuch im Zoo

1. Nomen: Silben abstreichen, mit zwei Farben schreiben und Reihen fortsetzen
2. Eigenen Texte ins Heft schreiben und ein Bild dazu malen

1.

gehen | in den Zoo. | ~~Mia und Mio~~

Mia und Mio

eine braune Ziege. | streichelt | Mio

hält | Mia | im Arm. | ein Häschen

beobachten | Sie | die Zebras.

seine Zähne. | zeigt | Der Löwe

1. Purzelsätze ordnen, Satzteile abstreichen und mit zwei Farben schreiben

1. –

2. –

S		
Sp	atz	
Pl		
K		
T	atze	
Gl		
s		
r	itzen	
spr		

1. Im Klassengespräch die Schreibweise des Doppelkonsonanten (alias zz) mit den Einspurbuchstaben einführen; Buchstaben nachspuren
2. Nomen und Verben verbinden und mit zwei Farben schreiben

1. –

2.

Hai

1. Im Klassengespräch die Schreibweise mit den Einspurbuchstaben einführen; Buchstaben nachspuren
2. Nomen: Beispiel nachspuren, Nomen abstreichen, mit zwei Farben schreiben und die Reihen fortsetzen

1.

2.

Anker Anker

Onkel Onkel

Enkel Enkel

Bank Bank

krank krank

3.

trin

den

schen

dan

ken

1. Im Klassengespräch die Schreibweise mit den Einspurbuchstaben einführen; Buchstaben nachspuren
2. Wörter nachspuren, mit zwei Farben schreiben und die Reihen fortsetzen
3. Verben verbinden und mit zwei Farben schreiben

1. –

2.

Schlange Schlange

eng eng

Finger Finger

Engel Engel

Ring Ring

3. –

sin

brin gen

sprin

4.

1. Im Klassengespräch die Schreibweise mit den Einspurbuchstaben einführen und mit dem Ankerbild vertiefen; Buchstaben nachspuren
2. Wörter nachspuren, mit zwei Farben schreiben und die Reihen fortsetzen
3. Verben verbinden und mit zwei Farben schreiben
4. Sich mit einem Partner über die Schreibung von nk und ng unterhalten

zu S. 72, 73

1. –

2.

Ü ü Ü ü

Kühe Kühe

Füller Füller

Frühling Frühling

Gemüse Gemüse

Blüte Blüte

für für

grün grün

fünf fünf

1. Im Klassengespräch die Schreibweise mit den Einspurbuchstaben einführen und mit dem Ankerbild vertiefen; Buchstaben nachspuren
2. Die Beispiele nachspuren, mit zwei Farben schreiben und die Reihen fortsetzen

Ü ü  zu S. 72, 73

Lena im Rollstuhl

1.

Lena ______ mit dem Rolli.

Sie ______ sich einen Hund.

Die Kinder ______ helfen.

2. Simsalabim, aus 1 mach 2.

 Kuh u → ü Kühe 

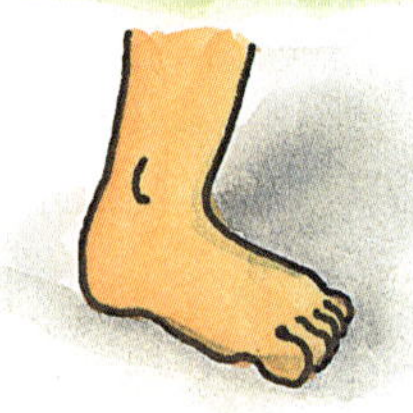 Fuß u → ü ______ 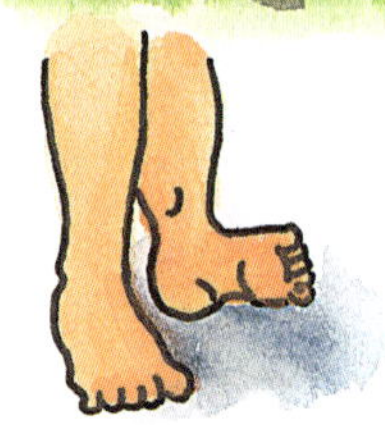

 Buch u → ü ______ 

 Tuch u → ü ______ 

1. Sätze nachspuren, richtige Verben einsetzen und mit zwei Farben schreiben
2. Nomen nachspuren, Mehrzahl bilden und mit zwei Farben schreiben

Ü ü

zu S. 72, 73

1. Male ein Bild zu deinem Wunsch.

2. Schreibe eine Geschichte zu deinem Bild.

1. Bild malen
2. Geschichte mit zwei Farben schreiben

J j 

zu S. 74, 75

1. –

J J J J J J J

j j j j j j j j j

2.

J j J j

ja ja

Jaguar Jaguar

Jacke Jacke

Junge Junge

Januar Januar

Jahr Jahr

1. Im Klassengespräch die Schreibweise mit den Einspurbuchstaben einführen und mit Ankerbild und Lautgebärde vertiefen; Buchstaben nachspuren und fortsetzen
2. Die Reihen fortsetzen und mit zwei Farben schreiben

1.

jubeln

2.

Die Zuschauer | im Stadion. | jubeln

Die Zuschauer

Affen. | jagen | Jaguare

kämpfen | beim Judo. | Kinder

1. Verben: Silben abstreichen und mit zwei Farben schreiben
2. Purzelsätze ordnen, Satzteile abstreichen und mit zwei Farben schreiben

zu S. 76, 77

1.

2.

Eu eu Eu eu

Eule Eule

Heu Heu

Euro Euro

Freund Freund

Scheune Scheune

neun neun

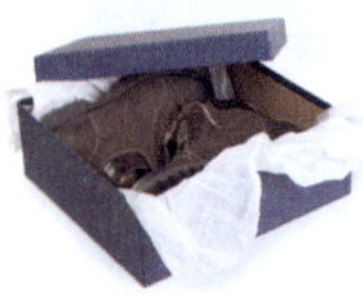

neu neu

heute heute

1. Im Klassengespräch die Schreibweise mit den Einspurbuchstaben einführen und mit Ankerbild und Lautgebärde vertiefen; Buchstaben nachspuren
2. Die Reihen fortsetzen und mit zwei Farben schreiben

1. Aus 2 mach 1.

Feuer

- Salamander 
- Leiter 
- Löscher 
- Alarm 
- Holz 
- Spucker 

Feuersalamander

2.

 heulen

 sich

freu kreu leuch
scheu ~~heu~~ streu

ten en ~~len~~
en zen en

1. Zusammengesetzte Wörter mit zwei Farben schreiben
2. Verben: Silben abstreichen und mit zwei Farben schreiben

zu S. 76, 77

1.

Kinder freuen sich	in der Nacht.
Eulen heulen	die Lösung an.
Die Sterne leuchten	Blumen.
Die Mädchen streuen	am Himmel.
Die Schüler kreuzen	über Geschenke.

2.

Kinder freuen sich über Geschenke.

1. Teilsätze wie im Beispiel entsprechend des Bildes zu Sätzen verbinden
2. Sätze aus Aufgabe 1 mit zwei Farben schreiben, Beispiel nachspuren

1.

V V V V V V V

v v v v v v v v

2.

V v V v

Vater Vater

Vogel Vogel

Vase Vase

Vulkan Vulkan

3.

1. Im Klassengespräch die Schreibweise mit den Einspurbuchstaben einführen und mit Ankerbild und Lautgebärde vertiefen; Buchstaben nachspuren und fortsetzen
2. Die Reihen fortsetzen und mit zwei Farben schreiben
3. Sich mit einem Partner über die unterschiedliche Lautung von V v unterhalten

1.

ver – stecken, sprechen, rechnen, laufen, raten

verstecken verstecken

2.

vor – singen, machen, lesen, turnen, spielen

vorsingen vorsingen

3.

viele oder vier

1. Verben mit dem Wortbaustein „ver-“: mit zwei Farben schreiben und Reihen fortsetzen
2. Verben mit dem Wortbaustein „vor-“: mit zwei Farben schreiben und Reihen fortsetzen
3. Nach der Bildvorlage viele oder vier mit zwei Farben schreiben

zu S. 78, 79

Das Amselnest

1. Beschrifte:

2. Beschreibe:

1. Ich: Das Bild richtig beschriften
2. Du: Das Bild mit einem Partner beschreiben und den Text aufschreiben
3. Wir: Die Bildbeschreibung in der Klasse präsentieren, vergleichen und beurteilen

1.

Äu äu

2.

Äu äu Äu äu

3.

 eine Maus – viele 

eine Maus – viele Mäuse

 ein Baum – viele 

 ein Haus – viele 

 ein Zaun – viele 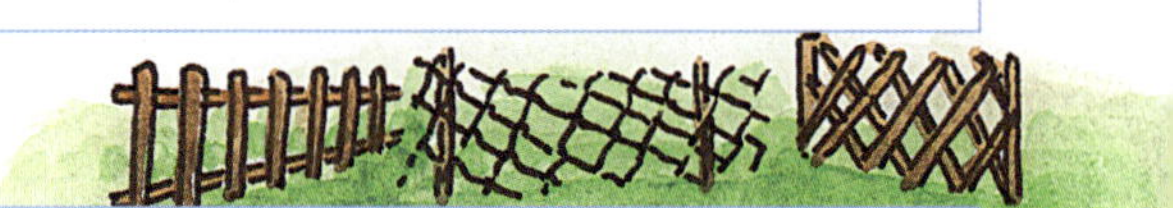

 ein Schlauch – viele 

 ein Traum – viele 

1. Im Klassengespräch die Schreibweise mit den Einspurbuchstaben einführen; Buchstaben nachspuren
2. Die Reihe fortsetzen
3. Mehrzahl finden; mit zwei Farben schreiben

1. Simsalabim, aus groß wird klein.

 Maus au äu Mäuschen 

 Zaun au äu 

 Baum au äu 

 Faust au äu 

 Haus au äu 

2.

rauben – R__ber

kaufen – K__fer

laufen – L__fer

Schaum – sch__men

1. Nomen nachspuren, Verkleinerungsform bilden und mit zwei Farben schreiben
2. Mit zwei Farben nach Vorlage schreiben und äu ergänzen

1.

Elke		von vielen Hasen.
Dieter		von Indien.
Tilo	träumt	vom Riesenland.
Eva		von leckerem Honig.
Jürgen		vom Vogelnest.

2.

Elke träumt von Indien.

3. Was träumst du?

1. Satzteile wie im Beispiel entsprechend des Bildes zu Sätzen verbinden;
   Die Personen sind auf folgenden Fibelseiten (1402-30) zu finden: Elke S. 63, Dieter S. 54, Tilo S. 26, Eva S. 78, Jürgen S. 74
2. Sätze aus Aufgabe 1 mit zwei Farben schreiben, Beispiel nachspuren
3. Eigene Texte ins Heft schreiben

1. –

Qu Qu Qu Qu Qu

qu qu qu qu qu

2.

Qu qu Qu qu

Qualle Qualle

Quelle Quelle

Quatsch Quatsch

Quadrat Quadrat

Aquarium Aquarium

1. Im Klassengespräch die Schreibweise mit den Einspurbuchstaben einführen und mit Ankerbild und Lautgebärde vertiefen; Buchstaben nachspuren und fortsetzen
2. Die Reihen fortsetzen und mit zwei Farben schreiben

1.

 Un**sinn** nennt man auch ____________.

 Im Meer schwebt die ____________.

 Was**ser** fließt aus der ____________.

 Die Kin**der** spie**len** ____________.

 Fi**sche** schwim**men** im ____________.

 Die**ses** Vier**eck** heißt ____________.

2.

 quieken

 ____________

 ____________

____

 ____________

 ____________

quen · quas · qua · quiet · qual · ~~quie~~

schen · men · ~~ken~~ · ken · seln · geln

1. Silben abstreichen, fehlende Wörter mit zwei Farben schreiben
2. Verben: Silben abstreichen und mit zwei Farben schreiben

Aus Kaulquappen werden Frösche

1. Schreibe Stichwörter zu den Bildern.

2. Schreibe Sätze zu den Bildern.

1. Ich: Stichwörter zu den Bildern schreiben
2. Du: Die Bilder mit einem Partner beschreiben und den Text aufschreiben
3. Wir: Die Texte in der Klasse präsentieren, vergleichen und beurteilen

zu S. 84, 85

1.

Y Y Y Y Y Y Y

y y y y y y y y

2.

Y y Y y

Yak Yak

Pony Pony

Baby Baby

Teddy Teddy

Pyramide Pyramide

1. Im Klassengespräch die Schreibweise mit den Einspurbuchstaben einführen und mit Ankerbild und Lautgebärde vertiefen; Buchstaben nachspuren und fortsetzen
2. Die Reihen fortsetzen und mit zwei Farben schreiben

1.

W	H	O	B	B	Y	N	I	C	E	Z
E	M	H	K	N	I	Y	N	E	Y	Y
H	A	N	D	Y	F	E	O	K	A	L
G	H	Z	P	O	N	Y	U	M	K	I
E	S	U	B	Y	R	L	N	U	H	N
M	S	O	L	Y	M	P	I	A	H	D
G	Y	R	O	S	P	Y	O	G	A	E
Y	E	T	I	C	H	Y	Ä	N	E	R

2.

 Hobby

3. 

1. Nomen markieren
2. Mit zwei Farben passende Nomen zu den Bildern schreiben
3. Sich mit einem Partner über die unterschiedliche Lautung von Y y unterhalten

zu S. 86, 87

1. –

C C C C C C C

c c c c c c c c

2.

C c C c

Cent Clown Computer Cowboy Creme

1. Im Klassengespräch die Schreibweise mit den Einspurbuchstaben einführen und mit Ankerbild vertiefen; Buchstaben nachspuren und fortsetzen
2. Wörter auswählen, mit zwei Farben schreiben und die Reihen fortsetzen

1. Was erleben Cornelia, Claudia und Nico im Zirkus?

1. Wörter abstreichen, Sätze bilden und mit zwei Farben schreiben; Differenzierung: eigene Texte verfassen

1.

X X X X X X X

x x x x x x x x x

2.

X x X x

1. Im Klassengespräch die Schreibweise mit den Einspurbuchstaben einführen und mit Ankerbild und Lautgebärde vertiefen; Buchstaben nachspuren und fortsetzen
2. Silben abstreichen, Wörter mit zwei Farben schreiben und die Reihen fortsetzen

1.

Xaver

Trixi

Sie

Sie

Trixi

Sie

Trixi

1. Wörter abstreichen, Sätze ergänzen und mit zwei Farben schreiben

1.

2. –

F

L

uchs

L

D

achs

W

O

A

chse

1. Wörter auswählen, abstreichen, mit zwei Farben schreiben und die Reihen fortsetzen
2. Nomen verbinden und mit zwei Farben schreiben

Sommerelfchen

Ein eigenes Sommerelfchen schreiben

Ferien

am Strand

liegen im Sand

schwimmen im warmen Wasser

Sommer

1. Ich: Sommerelfchen lesen, Sommerwörter sammeln und auf ein extra Blatt schreiben
2. Du: Mit dem Partner austauschen und gemeinsam ein Elfchen schreiben und etwas dazu malen
3. Wir: Elfchen in der Klasse präsentieren, vergleichen und bewerten

Meine tolle Reise

Wohin möchtest du reisen?

1. Ich: Ersten Entwurf der Reisegeschichte auf ein extra Blatt schreiben
2. Du: Mit Partner kontrollieren und endgültige Fassung ins Heft übertragen, Bild dazu malen und Überschrift schreiben
3. Wir: In der Klasse die Geschichten präsentieren, vergleichen und bewerten